DÉCRET

DU 4 NOVEMBRE 187[?]

sur

LES FEUX

Que les navires de guerre et de commerce doivent porter, l

LES SIGNAUX

Qu'ils doivent faire en temps de brume,

ET LES MANŒUVRES

Qu'ils doivent exécuter pour prévenir les abordages.

ADOPTÉ COMME

RÉGLEMENT INTERNATIONAL,

à partir du **1er septembre 1880**, par les nations suivantes :

Autriche-Hongrie	*Allemagne*	*Portugal*
Belgique	*G^de-Bretagne*	*Russie*
Chili	*Grèce*	*Espagne*
Danemark	*Italie*	*Suède*
France	*Pays-Bas*	*Etats-Unis*
—	*Norvége*	—

Décision ministérielle

RELATIVE A

L'APPEL DES PILOTES

PRIX : 30 CENTIMES

PARIS

R. HAUSERMANN, LIBRAIRE-ÉDITEUR

1880

PHARES

DU

GLOBE

Nouvelle Édition

**rédigée d'après les listes officielles des
divers Gouvernements maritimes
en Septembre 1880**

PRIX 5 FRANCS

Un supplément contenant les changements
et modifications des **Phares jusqu'au
1er Janvier et 1er Juillet 1881** sera
adressé gratuitement par la poste à toutes les
personnes qui enverront leur adresse avec le
bordereau contenu dans ce livre et un timbre de 0,45 c. à l'éditeur

R. HAUSERMANN, LIBRAIRE-HYDROGRAPHE

Successeur de Robiquet

PARIS — 11, rue de Cluny, 11. — PARIS

Imp. Cellarius. 22. r de l'Hôtel-Colbert

PHARES

DU

GLOBE

Nouvelle Édition

rédigée d'après les listes officielles des
divers Gouvernements maritimes
en Septembre 1880

PRIX 5 FRANCS

Un supplément contenant les changements
et modifications des **Phares jusqu'au
1er Janvier et 1er Juillet 1881** sera
adressé gratuitement par la poste à toutes les
personnes qui enverront leur adresse avec le
bordereau contenu dans ce livre et un timbre de 0,45 c. à l'éditeur

R. HAUSERMANN, LIBRAIRE-HYDROGRAPHE

Successeur de Robiquet

PARIS — 11, rue de Cluny, 11. — PARIS

Imp. Cellarius. 22, r de l'Hôtel-Colbert

RÈGLEMENT

INTERNATIONAL

SUR

LES FEUX QUE LES NAVIRES DE GUERRE ET DE COMMERCE
DOIVENT PORTER LA NUIT, LES SIGNAUX QU'ILS DOIVENT
FAIRE EN TEMPS DE BRUME ET LES MANŒUVRES QU'ILS
DOIVENT EXÉCUTER POUR PRÉVENIR LES ABORDAGES.

Adopté par les nations suivantes :

Autriche-Hongrie.	Italie.
Belgique.	Pays-Bas.
Chili.	Norwége.
Danemark.	Portugal.
France.	Russie.
Allemagne.	Espagne.
Grande-Bretagne.	Suède.
Grèce.	Etats-Unis.

Art. 1ᵉʳ —A dater du 1ᵉʳ septembre 1880, les bâtiments
de la marine nationale, ainsi que les navires du commerce, seront assujettis aux prescriptions ci-après, qui
ont pour objet de prévenir les abordages.

Dans les règles qui suivent, tout navire à vapeur qui
ne marche qu'à l'aide de ses voiles est considéré comme

bâtiment à voiles; et tout navire à vapeur dont la machine est en action est considéré comme navire à vapeur, qu'il se serve de ses voiles ou qu'il ne s'en serve pas.

Règles concernant les feux

Art. 2 — Les feux mentionnés dans les articles suivants numérotés 3, 4, 5, 6, 7, 8, 9, 10, et 11, doivent être tenus allumés par tous les temps, depuis le coucher du soleil jusqu'à son lever.

Aucun autre feu ne devra paraître à l'extérieur du navire.

Art. 3. — Tout navire à vapeur en mer, quand il est en marche, doit porter :

(**A**). Sur le mât de misaine ou en avant du mât de misaine, à une hauteur d'au moins 6 mètres au-dessus du plat bord, — et si la largeur du navire est de plus de 6 mètres, à une hauteur au-dessus du plat bord au moins égale à la largeur du navire, — *un feu blanc brillant,* construit de manière à fournir une lumière uniforme et sans interruption sur tout le parcours d'un arc horizontal de vingt quarts ou rhumbs de vent. Il devra être fixé de telle sorte que la lumière se projette de chaque côté du navire depuis l'avant jusqu'à deux quarts de l'arrière du travers. La portée de ce feu devra être assez grande pour qu'il soit visible à cinq milles de distance par une nuit sombre, mais atmosphère sans brume, pluie, brouillard ou neige.

(**B**). A *tribord, un feu vert* établi de manière à projeter une lumière uniforme et sans interruption sur tout le parcours d'un arc horizontal de dix quarts du compas compris entre l'avant du navire et deux quarts de l'arrière du travers à tribord; il doit avoir une portée telle qu'il soit visible à au moins deux milles de distance, par une nuit sombre, mais atmosphère sans brume, pluie, brouillard ou neige.

(C) A *babord*, *un feu rouge* établi de manière à projeter une lumière uniforme et sans interruption sur tout le parcours d'un arc horizontal de dix quarts du compas, compris entre l'avant du navire et deux quarts de l'arrière du travers à babord; il doit avoir une portée telle qu'il soit visible à au moins deux milles de distance, par une nuit sombre, mais atmosphère sans brume, pluie, brouillard, ou neige.

(D) Ces feux de côté vert ou rouge doivent être pourvus, du côté du navire par rapport à eux, d'écrans se projetant en avant d'au moins 0^m91; de telle sorte que leur lumière ne puisse pas être aperçue de tribord devant pour le feu rouge et de babord devant pour le feu vert

Art. 4. — Tout navire à vapeur qui remorque un autre bâtiment doit porter, outre ses feux de côté, deux feux blancs brillants placés verticalement à 0^m 91 de distance au moins l'un au-dessus de l'autre, afin de le distinguer des autres bâtiments à vapeur. Chacun de ces feux doit être du même genre et installé de la même manière que le feu blanc brillant porté au mât de misaine par les autres navires à vapeur.

Art. 5. — Tout navire à voiles ou à vapeur employé, soit à poser, soit à relever un câble télégraphique, tout navire qui, par une cause accidentelle, n'est pas libre de ses mouvements doit, si c'est le jour, porter en avant de la tête du mât de misaine et pas plus bas que cette tête du mât, trois boules noires de 0^m61 de diamètre chacune, placées verticalement l'une au-dessous de l'autre à une distance d'aumoins 0^m91; si c'est pendant la nuit, il doit mettre à la place assignée au feu blanc brillant, que les bâtiments à vapeur sont tenus d'avoir en avant du mât de misaine, trois feux rouges placés dans des lanternes sphériques d'au moins 0m25 de diamètre et disposés verticalement à une distance l'une de l'autre d'au moins 0m91.

Ces boules ou ces lanternes servent à avertir les autres navires qui approchent que celui qui les porte n'est pas manœuvrable et par suite ne peut se garer.

Les navires ci-dessus ne doivent pas avoir les feux de côté allumés lorsqu'ils n'ont aucun sillage. Ils doivent, au contraire, les tenir allumés s'ils sont en marche soit à la voile, soit à la vapeur.

Art. 6. — Tout navire à voiles, qui fait route ou qui est remorqué, doit porter les feux indiqués par l'article 3 pour un bâtiment à vapeur en marche, à l'exception du feu blanc qu'il ne doit avoir en aucun cas.

Art. 7. —Toutes les fois que les feux de côté rouge ou vert ne pourront pas être fixés à leur poste, comme cela a lieu à bord des petits navires pendant le mauvais temps, on devra tenir ces feux sur le pont, à leurs côtés respectifs du bâtiment, allumés et prêts à être montrés. Si on approche d'un autre bâtiment, ou si l'on en est approché, on doit montrer ces feux à leurs bords respectifs en temps utile pour empêcher l'abordage, les placer de manière qu'ils soient le plus visibles possible, et de telle sorte que le feu vert ne puisse pas s'apercevoir de babord ni le feu rouge de tribord.

Afin de rendre plus facile et plus sûr l'emploi de ces feux portatifs, les lanternes doivent être peintes extérieurement de la couleur du feu qu'elles contiennent et munies d'écrans convenables.

Art. 8. — Tout navire soit à voiles, soit à vapeur doit, lorsqu'il est au mouillage, avoir un feu blanc dans une lanterne sphérique d'au moins 0m20 de diamètre placé le plus en vue possible à une hauteur au-dessus du plat bord qui n'excède pas 6 mètres ; ce feu doit montrer une lumière claire uniforme, sans interruption, et visible tout autour de l'horizon à une distance d'au moins un mille.

Art. 9. — Les *bateaux pilotes*, quand ils sont sur leur station de pilotage pour leur service, ne doivent pas porter les mêmes feux que les autres navires, ils doivent avoir à la tête du mât un feu blanc, visible tout autour de l'horizon ; ils doivent également montrer à de courts intervalles ne dépassant jamais 15 minutes *un ou plusieurs feux à éclats.*

Quand un bateau pilote n'est pas dans sa zone et occupé au service du pilotage, il doit porter les mêmes feux que les autres navires.

Art. 10 — (A) Les *bateaux de pêche non pontés*, et tous autres bateaux non pontés ne sont pas forcés, lorsqu'ils sont en marche, de porter les feux de côté obligatoires pour les autres navires ; mais, s'ils ne les ont pas, ils doivent avoir à la place une *lanterne toute prête* et munie sur un des côtés d'un verre vert, et sur l'autre d'un verre rougé, et s'ils approchent d'un navire ou s'ils en voient approcher un, ils doivent montrer la lanterne assez à temps pour éviter un abordage, en la tenant de manière que la lumière verte ne soit vue qu'à tribord et la lumière rouge à babord.

(B) Tout *bâtiment de pêche*, ou tout bateau non ponté doit montrer un *feu blanc* brillant quand il est *au mouillage.*

(C) Tout *bâtiment de pêche* occupé à la pêche aux filets traînants portera à l'un de ses mâts deux feux rouges placés verticalement l'un au-dessus de l'autre, à une distance d'au moins 0m91.

(D) Tout *bateau pêchant* à la drague portera à l'un

de ses mâts *deux feux* placés verticalement à la distance d'au moins 0m91 l'un au-dessus de l'autre, le feu supérieur étant rouge et le feu inférieur vert ; en outre, il aura les deux feux de côté réglementaires pour les autres bâtiments, ou, s'il ne peut pas les porter, il aura tout prêts et à la main les feux colorés prévus par l'article 7, ou enfin une lanterne avec un verre rouge et un verre vert comme il est dit au paragraphe (A) de cet article 10.

(**E**) Les bâtiments de pêche, ainsi que les bateaux non pontés pourront en outre, s'ils le désirent, se servir d'un feu à éclats alternativement montré et caché.

(**F**) Les feux mentionnés dans cet article sont substitués à ceux qui sont indiqués dans les articles 12, 13 et 14 de la convention entre la France et l'Angleterre, inscrits dans le *British Sea Fisheries act*, 1868, et dans le décret du 26 mai 1869, *Bulletin officiel de la Marine*, premier semestre, page 434 et suivantes, 28 Octobre 1873, *Bulletin officiel*, 1873, deuxième semestre, page 436.

(**G**) Tous les feux exigés par cet article, à l'exception des feux de côté, doivent être contenus dans des lanternes sphériques, de manière que la lumière soit visible sans interruption sur tout l'horizon.

Art. 11. — Un *navire* qui est *rattrapé* par un autre bâtiment doit montrer au-dessus de sa poupe un *feu blanc* ou à *éclats* destiné à avertir le navire qui approche.

Signaux phoniques par temps de brume, brouillard, etc.

Art. 12. — Tout navire à vapeur doit être pourvu :
1° D'un sifflet à vapeur ou de tout autre système efficace de sons au moyen de la vapeur, placé de manière que le son ne soit gêné par aucun obstacle ;

2° D'un cornet de brume d'une sonorité suffisante qu'on puisse faire entendre au moyen d'un soufflet ou de tout autre instrument;

3° D'une cloche assez puissante.

Tout navire à voiles doit être pourvu d'un cornet et d'une cloche analogues.

En temps de brume, de brouillard ou de neige, soit de nuit, soit de jour, les avertissements indiqués ci-dessous seront employés par les bâtiments.

(A) Tout navire à vapeur, lorsqu'il est en marche, doit faire entendre un coup prolongé de son sifflet à vapeur ou de tout autre mécanisme à vapeur à des intervalles qui ne doivent pas excéder deux minutes

(B) Tout navire à voiles, lorsqu'il est en marche, doit faire les signaux suivants avec son cornet, à des intervalles de deux minutes au plus : un coup lorsqu'il est tribord amures; deux coups, l'un après l'autre, quand il est babord amures ; trois coups, l'un après l'autre, quand il a le vent de l'arrière du travers.

(C) Tout navire, à voiles ou à vapeur, qui ne fait pas route, doit sonner la cloche à des intervalles qui n'excédent pas deux minutes.

Art. 13. — Tout navire, soit à voiles, soit à vapeur, ne doit aller qu'à une vitesse modérée pendant les temps de brouillard, de brume ou de neige.

Règles relatives à la route et à la manière de gouverner

Art. 14. — Quand deux navires à voiles font des routes qui les rapprochent l'un de l'autre de manière à faire courir le risque d'abordage, l'un des deux s'écartera de la route de l'autre, d'après les règles suivantes.

(**A**) Le navire *qui court largue* doit s'écarter de la route de celui qui est au plus près.

(**B**) Le navire qui est *au plus près babord amures*, doit s'écarter de la route de celui qui est au plus près tribord amures.

(**C**) Si les deux navires courent largue, mais avec les amures de bords différends, le bâtiment qui a le *vent par babord* s'écarte de la route de celui qui le reçoit par tribord.

(**D**) Si les deux navires courent largue ayant tous deux le vent du même bord, *celui qui est au vent doit s'écarter* de la route de celui qui est sous le vent.

(**E**) Le bâtiment qui est vent arrière doit s'écarter de la route de l'autre navire.

Art. 15. — Si les deux navires marchent à la vapeur et courent l'un sur l'autre, en faisant des routes directement opposées ou à très-peu près, de manière à faire craindre un abordage, chacun d'eux devra venir sur tribord, afin de laisser l'autre navire passer à babord.

Cet article s'applique uniquement au cas où les bâtiments ont le cap l'un sur l'autre en suivant des rhumbs de vent tout à fait, où presque tout à fait opposés, de telle sorte que l'abordage soit à craindre. Il ne s'applique pas à des navires qui, s'ils continuent leurs routes, se croiseront certainement sans se toucher.

Les seuls cas que vise cet article sont ceux dans lesquels chacun des deux bâtiments a le cap sur l'autre, les deux plans longitudinaux étant complétement ou à très-peu près sur le prolongement l'un de l'autre, en d'autres termes, les cas dans lesquels, pendant le jour, chaque bâtiment voit les mâts de l'autre navire l'un par l'autre ou à très-peu près, et tout à fait ou à très-peu près dans le prolongement de son cap; et, pendant la nuit, le cas où chaque bâtiment est placé de manière à voir à la fois les deux feux de côté de l'autre.

Il ne *s'applique pas* aux cas où, pendant le jour, un bâtiment en aperçoit un autre droit devant lui et coupant sa route; ni aux cas où, pendant la nuit, chaque bâtiment, présentant son feu rouge, voit le feu de même couleur de l'autre navire; où chaque bâtiment, présentant son feu vert, voit le feu de même couleur de l'autre navire; ni aux cas où un bâtiment aperçoit droit devant lui un feu rouge sans voir de feu vert, ou aperçoit droit devant lui un feu vert sans voir de feu rouge, ni, enfin, aux cas où un bâtiment aperçoit à la fois un feu vert et un feu rouge, dans toute autre direction que droit devant ou à peu près.

Art. 16. — Lorsque deux navires marchant à la vapeur font des routes qui se croisent de manière à faire craindre un abordage; *le bâtiment qui voit l'autre par tribord doit s'écarter* de la route de cet autre navire.

Art. 17. — Si deux navires, l'un à voiles et l'autre à vapeur, courent de manière à risquer de se rencontrer, le *navire sous vapeur doit s'écarter* de la route de celui qui est à voiles.

Art. 18 — Tout navire à vapeur qui en approche un autre au point de faire craindre un abordage doit *diminuer de vitesse ou stopper* et même marcher en arrière, si cela est nécessaire.

Art. 19. — En changeant sa route conformément à l'autorisation ou aux prescriptions de ce règlement, un bâtiment à vapeur qui est en marche peut indiquer ce changement à tout autre navire en vue au moyen des *avertissements* suivants donnés *avec le sifflet* à vapeur.

Un *coup bref* pour dire : *Je viens sur tribord.*

Deux *coups brefs : Je viens sur babord.*

Trois *coups brefs :* Je vais en arrière à toute vitesse.

L'emploi de ces avertissements est facultatif; mais, si l'on s'en sert, il faut que les mouvements du navire soient d'accord avec la signification des coups de sifflet.

Art. 20. — Quelles que soient les prescriptions des articles qui précèdent, tout bâtiment à vapeur ou à voiles qui en *rattrape un autre doit s'écarter* de la route de celui-ci.

Art. 21. — Dans les *passes étroites,* tout navire à vapeur doit, quand la recommandation est d'une exécution possible et sans danger pour lui, *prendre la droite* du chenal.

Art. 22. — Quand, d'après les règles tracées ci-dessus l'un des navires doit changer sa route, l'autre bâtiment doit continuer la sienne.

Art. 23. — En suivant et interprétant les prescriptions qui précèdent, on doit *tenir compte de tous les dangers* de la navigation ainsi que des circonstances particulières qui peuvent forcer de s'écarter de ces règles pour éviter un danger immédiat.

Art. 24. — Rien de ce qui est recommandé ici ne peut exonérer un navire, ou son propriétaire, ou son capitaine, ou son équipage, des conséquences d'une négligence quelconque, soit au sujet des feux ou des signaux, soit de la part des hommes de veille, soit enfin au sujet de toute précaution que commandent l'expérience ordinaire du marin et les circonstances particulières dans lesquelles le bâtiment se trouve.

Art. 25. — Rien dans ces règles ne doit entraver l'application des *règles spéciales* dûment *édictées par l'autorité* locale, relativement à la navigation dans une rade, dans une rivière ou enfin dans une étendue d'eau intérieure quelconque.

Art. 26. — Ces règles ne doivent en rien gêner la mise en exécution de toute prescription spéciale faite par un gouvernement quelconque quant à un plus grand nombre de feux de position ou de signaux à mettre à bord des bâtiments de guerre au nombre de deux ou davantage, ainsi qu'à bord des bâtiments à voiles naviguant en convoi.

APPEL DES PILOTES

Décision ministérielle.

Pour appeler un pilote de jour, hissez en tête du mât de misaine un pavillon **blanc** *bordé de* **bleu** *ou à défaut le pavillon national.*

De nuit, agitez un fanal au-dessus du plat bord.

STATIONS DE SAUVETAGE

sur les côtes de France à la date du 1er août 1880

CANOTS DE SAUVETAGE (64)

Tous les canots de sauvetage sont fournis et entretenus par les soins de la Société centrale de Sauvetage des Naufragés, excepté ceux de Boulogne, Le Havre et Honfleur, qui le sont par la Société humaine de Boulogne, les Chambres de commerce du Havre et de Honfleur. La Société des Sauveteurs Bretons a placé à St-Malo une baleinière insubmersible à côté du canot de la Société Centrale.

A l'exception des canots du fort Mardyck et d'Aigues-Mortes, tous les canots de la Société Centrale sont insubmersibles, à redressement spontané et à écoulement des eaux au moyen de soupapes automotrices.

			Report. . 22		*Report.* . 42
Dunkerque	2	St-Malo	1	Etel	1
Fort Mardyck	1	— Baleinière	1	Quiberon	1
Gravelines	1	Dinard	1	Belle-Isle	2
Calais	2	Portrieux	1	La Turballe	1
Boulogne	1	Ile de Bréhat	1	Pouliguen	1
Berck	1	Perros Guirec	1	St-Marc	1
Cayeux	1	Roscoff	1	L'herbaudière	1
Dieppe	1	L'aberwrac'h	1	Les Sables d'Olonne	1
Fécamp	1	Portsal	1	Ile d'Yeu	1
Le Havre	2	Conquet	1	Les Baleines	1
Honfleur	1	Ile d'Ouessant	2	La Cotinière	1
Grandcamp	1	Ile de Molène	1	Entrée de la Gironde	1
Barfleur	1	Camaret	1	Cap Breton	1
Becquet	1	Douarnenez	1	St-Jean de Luz	1
Omonville	1	Ile de Sein	1	Agde	1
Goury	1	Audierne	1	Cette	1
Diélette	1	Kerity	1	Palavas	1
Carteret	1	Lesconil	1	Aigues Mortes	1
Granville	1	Ile de Groix	1	Carro	1
A reporter . 22		*A Reporter.* . 42		*Total.* . 62	

Postes de secours au nombre de 378 (non compris les postes de ligne Torrès)

Fournis et entretenus par la Société Centrale de Sauvetage des Naufragés, confiés à l'Administration des Douanes et manœuvrés par ses agents du service actif.

L'astérique indique que le poste est muni d'une boîte de secours.

74. Postes de 1re classe avec canons porte-amarres et appareil va et vient complet

	Report. 23	*Report.* 49
* Cayenne (Dunkerque). P.	1	* Trouville. P.	1	Barcares. P.	1
Risban (Dunkerque) P.	1	Deauville P.	1	Villeroi P.	1
Dunkerque, à bord des Remorqueurs. E. E. E. E.	4	Luc. P.	1	Cette. P.	1
Fort Philippe (Gravelines). P.	1	Port-en-Bessin. P.	1	Palavas P.	1
Fort Vert (Calais).P.	1	Grandcamp. P.	1	Grau-du-Roi. P.	1
Calais. E. P.	1	Saint-Vaast. P.	1	Grau d'Orgon. P.	1
Calais. O. P.	1	Le Thot. P.	1	Saintes-Maries. P	1
* Wissant. P.	1	Diélette. P.	1	Faraman. P	1
* Wimereux. P.	1	Granville. P.	1	Piémanson. P.	1
* Le Portel. P.	1	Perros-Guirec. P.	1	Bouc. P	1
* Equihen. P.	1	Ile de Batz. P.	1	Marseille. P.	1
* Trepied. P.	1	Porsal. P.	1	La Ciotat. P.	1
Berck. P.	1	L'Abérildut. P.	1	Bandol. P.	1
Pointe Saint-Quentin. P.	1	Conquet. P.	1	Peschiers. P.	1
Tréport P.	1	Camaret. P.	1	Ile Saint-Honorat. P.	1
Dieppe Pollet P.	1	Audierne. P.	1	Bastia	1
— jetée O. P.	1	Plovan. P.	1	La Calle. P.	1
St-Valéry-en-Caux. P.	1	Kérity. P.	1	Ténès. P.	1
Fécamp P. jetée N.	1	Palais (Belle-Ile). P.	1	Arzew. P.	1
— jetée S. P.	1	Sables d'Olonne. P.	1	Saint-Pierre. P	1
		Ars (Ile de Ré). P.	1	Phare de Galentry. E.	1
		* St-Trojan (Ile d'Oléron). P.	1	Ile-aux-Chiens. E.	1
		* La Garonne. P.	1	Langlade. E.	1
		Boucau sud. P.	1	Saint-Pierre. P.	1
		Saint-Jean-de-Luz	1		
		La Nouvelle. P.	1		
A Reporter. 23	*A Reporter* 49	*Total.* 74

207. Postes de 2me classe avec fusils porte amarres, ceintures de sauvetage et lignes

	Report. 4	*Report* 10
Cayenne (Dunkerque.	1	Phare de Waldet.	1	St-Valery-s.-Somme, à bord du Remorquéur.	1
Risban (idem).	1	Calais	1	Tréport.	1
Dunkerque, à bord des Remorqueurs	1	Digue Camin	1	Dieppe Pollet.	1
Fort Philippe (Gravelines).	1	Escalie.	1	— jetée ouest.	1
		Berck.	1	St-Valery-en-Caux.	1
		Fort Mahon	1		
A Reporter. 4	*A Reporter* 10	*A Reporter.* 15

Report.	15	Report.	71	Report.	123
Fécamp jetée Nord.	1	Douarnenez	1	Livron	1
— jetée sud	1	Audierne	1	Grau d'Agde Ouest.	1
Yport	1	Guilvinec	1	— Est	1
Etretat	1	Tudy	1	Le Môle d'Agde	1
Ouistreham	1	Concarneau	1	Castelas	1
Courseulles	1	Portomanech	1	Lazaret	1
Port-en-Bessin	1	Douélan	1	Cette	1
Colleville	1	Lomener	1	Feu de Cette	1
Fontenay	1	Gavres	1	La Peyrade	1
Saint-Vaast	1	Phare d'Etel	1	Morin	1
Maltot	1	Porthalguen	1	Maguelonne	1
Barfleur	1	Saint-Pierre Quibe-		Palavas	1
Cosqueville	1	ron	1	Grau de Pérols	1
Fermanville	1	Palais (Belle-Ile)	1	Les Dunes	1
Becquet	1	Fort Philippe (Belle-		Grau du Roi	1
Bourbourg	1	Ile)	1	Madame	1
Cherbourg	1	Sables d'Olonne	1	Grau d'Orgon	1
Saint-Anne	1	Phare du Haut-Banc	1	Saintes-Maries	1
Querqueville	1	Saint-Martin (Ile-		* La Gacholle	1
Omonville	1	de Ré)	1	* Beauduc	1
Auderville	1	Lox (Ile de Ré)	1	* Phare de Faraman	1
Siouville	1	La Rochelle	1	* Piemanson	1
Diélette	1	St-Denis d'Oléron	1	Carri	1
Flamanville	1	Saint-Palais	1	Majeau	1
Le Rozel	1	Embouchure de la		L'Estaque	1
Surtainville	1	Gironde, steamer		La Madrague	1
Carteret	1	*Sonora*	1	La Joliette	1
Granville	1	Soulac	1	Malmonsque	1
Saint-Malo	1	* Saint-Nicolas	1	Bandol	1
Saint-Jacut	1	* Gressiets	1	Hyères	1
Tresselin	1	Ferret	1	Porquerolles	1
Pléhérel	1	* Le Sud	1	Gavalière	1
Erquy	1	* Biscarosse	1	Saint-Raphaël	1
Dahouet	1	* Mimizan	1	Cannes	1
Le Cottentin	1	Cap Breton	1	Cap d'Antibes	1
Le Roselier	1	Boucau Nord	1	Antibes	1
Portrieux	1	Boucau Sud	1	Nice	1
Portlazo	1	Chambre-d'Amour	1	Saint-Hospice	1
Port-Zeven	1	Biarritz	1	Cap d'Aglio	1
Bréhat	1	Bidart	1	Menton	1
Locquivy	1	Guétary	1	Phare de la Giraglia	1
Rocharhon	1	Saint-Jean-de-Luz	1	Barcaggio	1
Port-Blanc	1	Socoa	1	Centuri	1
Perros-Guirec	1	Hendaye	1	Saint-Florent	1
* Ile aux Moines		Banyuls	1	Phare de Montella	1
(Sept-Iles)	1	Port-Vendres	1	Ile Rousse	1
Ploumanach	1	Collioure	1	Calvi	1
Ile Grande	1	Argelès	1	Phare de la Revel-	
Trebeurden	1	Saint-Cyprien	1	lata	1
Ile de Batz	1	Canet	1	Galeria	1
Roscoff	1	Le Barcarès	1	La Piana	1
Phare de l'île Vierge	1	La Petite-Entrée	1	Carghèse	1
L'Abérildut	1	Basse-Franqui	1	Sagone	1
Plougouvelin	1	La Nouvelle	1	Les Sanguinaires	1
Bertheaume	1	Valras	1	Ajaccio	1
Camaret	1	Saint-Geniez	1	Propriano	1
Morgat	1	Roquehaute	1	Rocapina	1
A Reporter.	71	*A Reporter.*	123	*A Reporter.*	179

Report. . 179		*Report.* . 198		*Report.* . 197	
Phare du cap de Feno	1	San-Pelegrino	1	Le Fort-Génois	1
Bonifacio	1	Bastia. Môle genois.	1	Philippeville	1
Phare de Lavezzy.	1	Erbalungo	1	Djirelli	1
Phare de la Chiappa	1	Porticiolo	1	Dellys	1
Porto-Vecchio	1	Macinaggio	1	Fort de l'Eau	1
Solenzara	1	La Calle	1	Sidi-Ferruch	1
Calzarello	1	La Ferme des An-glais	1	Cherchell	1
Aleria	1	Bone	1	Mostaganem	1
Prunete	1	Le Caroubier	1	Nemours	1
				St-Pierre (6 fusils)	1
A Reporter. . 188		*A Reporter.* . 197		*Total* . 207	

87 Postes de 3ᵉ classe avec ceintures et accessoires

Tente-Verte	1	*Report.* . 30		*Report.* . 57	
Mardick	1	Loix (île de Ré)	1	Cap Lardier	1
Gris-Nez	1	Fier-d'Ars (Ile de Ré)	1	Camarat	1
Dannes	1	Rivedoux (Ile de Ré)	1	Cannebière	1
Trepied	1	St-Denis (Ile d'Olé-ron)	1	Issembre	1
Anse au Beurre	1	Poste sémaphori-que de la Coubre.	1	Aurelle	1
Arromanches	1	* Phare de la Coubre	1	Carras	1
Régneville	1	Pointe à l'E pagnole	1	Villefranche	1
Hauteville	1	Bonne-Anse	1	Pino	1
Bricqueville	1	Bréjat	1	Canari	1
Bréville	1	Montalivet	1	Nonza	1
Saint-Pair	1	Les Genests	1	Stora	1
Plougastel	1	Truc Blanc	1	Collo	1
Lanberlach	1	Le Hugua	1	Bougie	1
Landevenec	1	Cazau	1	Herbillon	1
Le Fret	1	Sanguinet	1	Cap Matifoux	1
Roscanvel	1	Sainte-Eulalie	1	Hussein-Dey	1
Treboule	1	* Contis	1	Alger	1
Pont-Croix	1	Lit	1	Péniche *Caïman*	1
Benodet	1	Vielle	1	Saint-Eugène	1
Glenans (Iles)	1	Molietz	1	Pointe-Pescade	1
Trevignon	1	* Vieux-Boucau	1	Castiglione	1
Kermeursach	1	Seignosse	1	Tipaza	1
Etel (mât de signaux)	1	Ondres	1	La Salamandre	1
St-Martin de Brem.	1	Saint-Pierre	1	Port-aux-Poules	1
Caré Pigeon	1	Fleury	1	Ravin-Blanc	1
Talmont	1	Tour Saint-Louis	1	Oran	1
L'Aiguillon	1	Lavandou	1	Mer-el-Kebir	1
Pointe de l'Aiguil-lon	1			Aïn-Turck	1
Porte du Chapitre	1			Andalouses	1
				Raschgoun	1
A Reporter. . 30		*A Reporter.* . 57		*Total* . 87	